15分で
できる！

フライパン
1つで
2品献立

ほりえ
さちこ

フライパン使いをマスターすれば、ごはん作りが生まれ変わります。

毎日大変な思いをしてごはんを作っていませんか？
副菜の下ごしらえをして調理して、
合間に調理道具や鍋を洗って、
それからやっと主菜の下ごしらえ。
加熱をして、全部を作り終えた頃には
もうクタクタ……そんな人も多いはず。
毎日のごはん作りは、もっとラクでいいんです。

そこで提案したいのが、フライパンで作る2品献立。
それは、副菜も主菜もフライパンで作る献立のこと。
主菜と副菜はそれぞれ1品でOKで
それぞれを満足感のあるメニューにすれば、
2品でも物足りなさを感じさせません。

次にお伝えしたいのが、フライパンの隠れた実力。
どのキッチンにもあるアイテムですが、
実はかなり幅広い調理ができる優れモノ。
まだ発揮できていない能力があるかもしれません。

まずは本書の献立をひとつ、試してみてください。
そのスムーズさに驚くはずです。
流れがわかれば、あとは繰り返していくだけ。
大変に思っていたごはん作りが、変わっていきます。

\焼く/

\蒸す/

フライパンは万能！

ぜーんぶフライパンで
できちゃいます

炒めものやソテーのイメージが強い
フライパンですが、実はもっと色々
作れます。「焼く」「炒める」のほか、
「煮る」「蒸す」「揚げる」もできちゃう
万能アイテム。使い方をマスターす
ればバリエーションが広がります。

\炒める/

\煮る/

\揚げる/

献立作りの手順がシンプル！

この3ステップで完結

1 下ごしらえ

食材を切る、下味をつけるなど

2 副菜を加熱

フライパンが汚れにくい副菜から先に加熱を

さっと拭くだけ

フライパンは洗わなくてOK

3 主菜を加熱

主菜は後に加熱してできたてを食卓へ

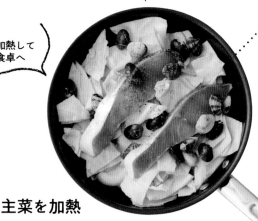

下ごしらえをしたら、あとは副菜と主菜を順番に加熱するだけの、シンプルな組み立て。混乱しませんし、手早く作れるので忙しいときに大助かり。途中、フライパンを洗う面倒な工程がないのも嬉しいポイントです。

フライパンごと
出せばテーブルが
にぎやかに！

完成！

目次

まずは試して簡単さを実感！ フライパンで作る**5**献立

PART**1**

フライパンでこんなに色々作れる！

主菜レシピ

鶏肉おかず

豚肉おかず

ひき肉おかず

牛肉おかず

魚おかず

PART **2**

フライパンで
ささっと作れる！

副菜レシピ

column あと1品ほしいときに あえるだけ副菜

まずは試して
簡単さを実感！

フライパンで作る **5** 献立

キャベツのアンチョビドレッシングがけ

大胆に焼いたキャベツとジューシーなチキンが最高

（副菜）

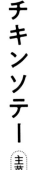

／焼く＼

材料（2人分）

キャベツ……1/4個
オリーブ油……大さじ1
A アンチョビフィレ……5〜6枚 (20g)
　プレーンヨーグルト……大さじ4
　オリーブ油……大さじ2
　にんにくのすりおろし……小さじ1/2
　塩……小さじ1/3
　こしょう……少量

作り方

1 キャベツはくし形切りに、Aのアンチョビはみじん切りにする。

2 フライパンにオリーブ油を熱してキャベツを両面焼き、焼き色がついたら器に盛る。

3 Aを混ぜ合わせ、2にかける。

チキンソテー

（主菜）

／焼く＼

材料（2人分）

鶏もも肉……大1枚
塩、こしょう……各適量
サラダ油……小さじ2
なす……1本
ズッキーニ……1/2本
A バター……10g
　しょうゆ……大さじ1
(あれば)レモンのくし形切り……適量

作り方

1 鶏肉は余分な脂を除き、観音開きにして厚みを均一にしたら半分に切る。塩、こしょう各適量をふって数分おく。なすとズッキーニは1cm厚さの輪切りにする。

2 フライパンにサラダ油を熱し、鶏肉を皮目を下にして入れ、5分焼いたら上下を返す。端に寄せ、あいたところになすとズッキーニを入れ、1〜2分焼いたら上下を返す。

3 ふたをして弱火で3〜4分蒸し焼きにし、野菜を先に取り出す。野菜に塩適量をふり、フライパンにAを加えて鶏肉にからめる。器に盛り合わせてレモンを添える。

キャベツのアンチョビドレッシングがけ＋
チキンソテー

こんな段取りで作ります

スタート **1** 下ごしらえ

キャベツはくし形切りに、アンチョビ
はみじん切りにする。

＊キャベツは芯がついたままでOK。

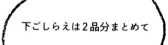

下ごしらえは2品分まとめて

鶏肉は余分な脂を除き、観音開きに
して厚みを均一にしたら半分に切る。
塩、こしょうをふって数分おく。つけ
合わせの野菜は1cm厚さの輪切りに
する。

＊鶏肉は脂を除くことで臭みや脂っこさが
やわらぎ、厚みを均一にすることで加熱ム
ラが防げます。

2 副菜を加熱 ⟶ フライパンを軽く拭く

フライパンにオリーブ油を熱してキャベツを焼き、焼き色がついたら器に盛る。

＊切り口2面ともに焼き色をつけて。

フライパンをペーパータオルでさっと拭く。

＊汚れが少ないから軽く拭く程度でOK。

> フライパンを
> 洗う必要なし

3 主菜を加熱

ふたをして弱火で3〜4分蒸し焼き
にし、野菜を先に取り出して塩をふ
る。

同じフライパンにサラダ油を熱し、鶏
肉を皮目を下にして入れ、5分焼い
たら上下を返す。端に寄せ、あいたと
ころになすとズッキーニを入れ、1〜
2分焼いたら上下を返す。

仕上げ

フライパンに調味料を加え、鶏肉に
からめる。

＊バターとしょうゆは同じタイミングで加え
てOK。

ドレッシングの材料を混ぜ合わせ、
器に盛ったキャベツにかける。鶏肉
と焼き野菜も器に盛り合わせ、レモ
ンを添える。

完成

15

献立

2

もやしと小松菜のナムル

（副菜）

からフ揚
らイげ
パも
ンフ
でラ
！イ
ほパ
っン
とで
す！
るほ
味っ
のと
副す
菜る
を味
合の
わ副
せ菜
てを
合
わ
せ
て

材料（2人分）

もやし……1袋（200g）
小松菜……100g
塩……小さじ1/3
A 白すりごま……大さじ1
　顆粒鶏ガラスープの素、
　ごま油……各小さじ1

作り方

1 小松菜はざく切りにする。

2 フライパンにもやしと1を入れ、塩をふって水大さじ1を回しかける。ふたをして2〜3分加熱する。

3 しんなりしたらふたを外して水分を飛ばし、火をとめてAを加えて混ぜる。

／蒸す＼

から揚げ

（主菜）

材料（2人分）

鶏もも肉……大1枚
A にんにくのすりおろし、
　しょうがのすりおろし……各1片分
　酒、しょうゆ、ごま油……各大さじ1
　塩、こしょう……各少量
片栗粉……約大さじ6
揚げ油……適量
（あれば）グリーンリーフ……適量

作り方

1 鶏肉は余分な脂を除いて、ひと口大に切る。Aをもみ込んで30分おき、片栗粉をまぶす。

2 フライパンに揚げ油を2cm深さまで入れて180℃に熱し、1を4〜5分揚げる。器に盛り、グリーンリーフを添える。

／揚げる＼

もやしと小松菜のナムル＋
から揚げ

こんな段取りで作ります

スタート **1** 下ごしらえ

2 副菜を加熱

鶏肉に下味をつけて30
分おき、片栗粉をまぶす。

＊下味をつけたあとしばらく
おくことで、味がよくしみ込み
ます。片栗粉をまぶすときは
ポリ袋を使うとラク。

小松菜はざく切りにする。
鶏肉は余分な脂を除い
て、ひと口大に切る。

＊鶏肉は脂を除くことで臭み
や脂っこさがやわらぎます。
＊皮目と反対側の面に薄い骨
があれば脂と一緒に除く。

フライパンにもやしと小
松菜を入れ、塩をふって
水大さじ1を回しかける。
ふたをして2〜3分加熱
する。

フライパンを軽く拭く

3 主菜を加熱

しんなりしたらふたを外して水分を飛ばし、火をとめる。調味料を加えて混ぜ、器に盛る。

フライパンをペーパータオルでさっと拭く。

＊汚れが少ないから軽く拭く程度でOK。

> フライパンを洗う必要なし

同じフライパンに揚げ油を2cm深さまで入れて180℃に熱し、鶏肉を揚げる。器に盛り、グリーンリーフを添える。

完成

ほうれん草とベーコンのチーズ蒸し

1品目

副菜／蒸す

材料（2人分）

ほうれん草……1袋(200g)
ベーコン……2枚
塩……適量
バター……10g
ピザ用チーズ……30g

作り方

1 ほうれん草はざく切りにし、ベーコンは2.5cm幅に切る。

2 フライパンを熱し、ほうれん草、水カップ1/2を入れてふたをする。しんなりするまで蒸し、水にさらして汁けを絞る。

3 フライパンをペーパータオルでさっと拭き、バターを熱する。2を直径約15cm大に平らに広げ入れ、ベーコンを散らして塩をふる。チーズを全体に散らし（具からはみでるように散らすと端がカリカリに仕上がる）、ふたをしてチーズが溶けるまで蒸し焼きにする。

さっと拭くだけ！

あさりとさけとじゃがいものアクアパッツァ

2品目

主菜／蒸す

材料（2人分）

あさり……100g
甘塩さけ(切り身)……2切れ
じゃがいも……1個
玉ねぎ……1/2個
キャベツ……2枚(120g)
にんにくのみじん切り……1片分
オリーブ油……大さじ1
酒、水……各大さじ3
塩、こしょう……各適量

作り方

1 じゃがいもと玉ねぎは薄切りにし、キャベツはざく切りにする。あさりは砂抜きする。

2 フライパンにオリーブ油とにんにくを入れ、弱火にかける。香りが立ったら中火にしてじゃがいも、玉ねぎ、キャベツを広げ入れ、あさりとさけをのせる。

3 酒と水を加え、ふたをして5〜6分蒸す。塩、こしょうで味をととのえる。

1品目

焼きチーズトマトのおかかのせ

焼けたチーズが香ばしい！甘辛い主菜とのバランス◎

材料（2人分）

トマト……2個
ピザ用チーズ……40g
削り節……適量
青じそのせん切り……4枚分
しょうゆ……適量

作り方

1 トマトはヘタを除いて横半分に切り、切り口に縦横2本ずつ切り込みを入れる。

2 フライパンにチーズを4等分にして入れて火にかけ、ふつふつしてきたら1の切り口を下にしてチーズの上に1つずつのせる。

3 上下を返してさらに1分弱焼き、器に盛る。削り節、青じそをのせてしょうゆをかける。

副菜

焼く

さっと拭くだけ！

豚こましょうが焼き

材料（2人分）

豚こま切れ肉……250g
塩、こしょう……各適量
小麦粉……小さじ2
サラダ油……大さじ1
玉ねぎ……1/2個
A しょうゆ、酒、みりん……各大さじ1と1/2
　 しょうがのすりおろし……小さじ1
（好みで）キャベツのせん切り……適量

作り方

1 豚肉は軽く塩、こしょうをふり、小麦粉をまぶす。玉ねぎは薄切りにする。

2 フライパンにサラダ油を熱して1を炒め、玉ねぎがしんなりしたらAを加えてからめる。器に盛り、好みでキャベツを添えて塩、こしょう各適量（分量外）をふる。

2品目

主菜

炒める

献立
5

1品目

野菜たっぷりの韓国風献立。スープおかずで体が温まる！

チヂミ風卵焼き（副菜）／焼く＼

材料（2人分）
卵……2個
塩……ひとつまみ
にんじん……1/3本
小ねぎ……1/4袋（約25g）
桜えび……大さじ2
ごま油……小さじ2〜3
A ラー油、酢、しょうゆ……各適量

作り方
1 にんじんはスライサーで細切りに、小ねぎは10cm長さに切り、卵は溶きほぐして塩と混ぜる。
2 フライパンにごま油を熱して卵液を流し入れ、小ねぎ、にんじん、桜えびをのせる。
3 上下を返し（クッキングシートをのせてから皿かふたをかぶせてひっくり返し、クッキングシートをスライドさせてフライパンに戻し入れるとスムーズ）、さらに1〜2分焼いたらさらに返し、食べやすい大きさに切る。器に盛り、混ぜ合わせたAを添える。

さっと拭くだけ！

キムチチゲ（主菜）／煮る＼

材料（2人分）
豚バラ薄切り肉……200g
木綿豆腐……1丁（350g）
にら……1/2パック（50g）
エリンギ……2本
白菜キムチ……120〜150g
ごま油……小さじ2
A コチュジャン……大さじ1
 しょうゆ……小さじ2
 顆粒鶏ガラスープの素……小さじ1
 水……カップ2

作り方
1 豚肉は3〜4cm幅に、豆腐は6〜8等分に、にらは3〜4cm長さに切り、エリンギは石づきを落として薄切りにする。
2 フライパンにごま油を熱して豚肉と白菜キムチを炒め、肉の色が変わったらAを加える。豆腐、エリンギを加えて5分煮たら、にらを加えてひと煮する。

2品目

この本のレシピを作る前に

使用するフライパンについて

フライパンはお持ちのものを使用してください。この本では、直径24cmと26cmのフライパンを使用しています。

レシピの表記について

・大さじ1＝15ml、小さじ1＝5ml、カップ1＝200mlです。

・分量に適量とあるものは、好みで加減してください。

・食材の大きさや重さには個体差があります。分量は調節してください。

・調味料について、特に注釈のないものは、しょうゆは濃口しょうゆ、塩は食塩、砂糖は上白糖、めんつゆは3倍濃縮のもの、バターは有塩のもの、小麦粉は薄力粉、みそは米みそを使用しています。商品によって塩分量が違うので、量を加減してください。

・野菜を洗う、皮をむく、ヘタや種を除く、根元を切るなどの基本的な下ごしらえは省いています。

・特に記載がない場合、火加減は中火です。

レシピページの見方

主菜レシピ（P28〜65）では、副菜レシピ（P78〜91）のなかから相性のいいおすすめのものを紹介しています。献立作りにお役立てください。

焼く、炒める、煮る、蒸す、揚げるのうちメインの調理法をアイコンで示しています。

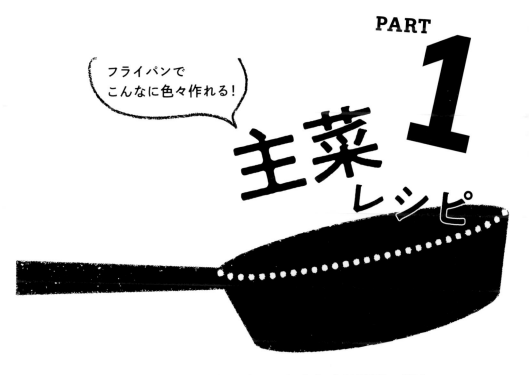

フライパンで
こんなに色々作れる!

主菜 レシピ

メインとなるおかずレシピを、鶏肉、豚肉、ひき肉、牛肉、魚と素材別にご紹介。
人気のフライパンメニューから「こんなものもできちゃうの!?」と
驚きのメニューまで、バラエティ豊か。今日食べたいものがきっと見つかります。

鶏肉
おかず

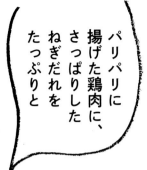

パリパリに揚げた鶏肉に、さっぱりしたねぎだれをたっぷりと

油淋鶏

揚げる

材料(2人分)

鶏もも肉……1枚
A 酒……小さじ2
│ 塩、こしょう……各少量
片栗粉……適量
揚げ油……適量
きゅうり……1本
ミニトマト……2個
B しょうゆ、水……各大さじ2
│ 砂糖、酢……各大さじ1
│ しょうがのすりおろし……1片分
│ 長ねぎのみじん切り……15cm分

作り方

1 鶏肉は余分な脂を除き、切り開いて厚みを均一にする。Aをまぶして数分おき、片栗粉をまぶす。

2 フライパンに揚げ油を1cm深さまで入れて170℃に熱し、**1**を片面4〜5分ずつカリッと揚げる。

3 きゅうりをピーラーで薄切りにして器に敷き、**2**を食べやすく切ってのせる。ミニトマトを添え、混ぜ合わせた**B**をかける。

おすすめの副菜

「蒸しブロッコリーと
かぶのオイスター
マヨがけ」　　　━━→ P**83**

「エリンギの
甘酢照り焼き」　　━━→ P**89**

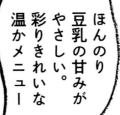

ほんのり
豆乳の甘みが
やさしい。
彩りきれいな
温かメニュー

鶏ももとブロッコリーの豆乳シチュー

煮る

材料（2人分）

鶏もも肉……1枚
ブロッコリー……1/2株
にんじん……小1本
玉ねぎ……1個
バター……20g
小麦粉……大さじ2
A 顆粒コンソメスープの素……大さじ1
　 水……カップ2
豆乳（無調整）……カップ2
塩……適量
こしょう……少量

作り方

1 鶏肉はひと口大に切って塩小さじ1/3、こしょうをもみ込む。ブロッコリーは小房に分け、にんじんはひと口大の乱切り、玉ねぎは薄切りにする。

2 フライパンにバターを熱して鶏肉、にんじん、玉ねぎを炒め、油がまわったら小麦粉を加えて全体にからめる。Aを加えてふたをし、弱火で12〜15分煮る。

3 豆乳とブロッコリーを加えて2〜3分煮て、軽くとろみがついたら塩適量で味をととのえる。器に盛り、粗びき黒こしょう適量（分量外）をふる。

おすすめの副菜

「もやしの
ナポリタン風炒め」　　➡ P87

「きのこの
ガーリックソテー」　　➡ P89

31

鶏むね肉がしっとりと。食材の食感の違いも楽しい

＼炒める／

鶏むねの甘酢炒め

材料（2人分）

鶏むね肉……1枚
A 塩、こしょう……各適量
　｜ 酒……大さじ1
片栗粉……大さじ1
玉ねぎ……1/2個
ピーマン……2個
赤ピーマン……1個
サラダ油……大さじ1
B トマトケチャップ……大さじ4
　｜ 酢……大さじ1
　｜ 砂糖、しょうゆ……各小さじ1

作り方

1 鶏肉はひと口大に切ってAをもみ込み、片栗粉をまぶす。玉ねぎ、ピーマンは乱切りにする。

2 フライパンにサラダ油を熱して鶏肉を焼く。焼き色がついたら上下を返し、玉ねぎを加えて炒める。

3 鶏肉に火が通ったらピーマンを加えてさっと炒め、Bを加えて炒め合わせる。

おすすめの副菜

「蒸しブロッコリーの
じゃこあえ」　　　➡ p83

「もやしとかにかまの
チャンプルー」　　➡ p87

フライパン蒸し鶏

蒸す

材料（2人分）

鶏むね肉……1枚
A 塩……小さじ1
　 こしょう……少量
　 砂糖……小さじ1/2
B 長ねぎの青い部分……1本分
　 しょうがの薄切り……1片分
　 酒……大さじ4
　 水……大さじ6
きゅうり……1本
ミニトマト……2個
C めんつゆ（3倍濃縮）、マヨネーズ、
　 白すりごま……各大さじ2
　 酢、ごま油……各大さじ1
　 砂糖……小さじ1

作り方

1 鶏肉にAをもみ込む。

2 フライパンに1を皮目を下にして入れ、Bを加える。ふたをして弱火で12分蒸し、火をとめてそのまま5分おく。

3 きゅうりを細切りにして器に敷き、2を食べやすく切って盛る。混ぜ合わせたCをかけ、ミニトマトを添える。

おすすめの副菜
「丸ごと蒸しピーマン」 → p85
「焼きいんげんの
しょうがポン酢漬け」 → p86

そのまま
食卓に出せば
盛り上がる！
のびるチーズに
気分も上がる

チーズタッカルビ

／蒸す＼

材料（2人分）

鶏もも肉……1枚
A 塩、こしょう……各適量
　 焼肉のたれ……大さじ4
　 コチュジャン……大さじ1
キャベツ……300g
玉ねぎ……1/2個
ピーマン……2個
ごま油……小さじ2
ピザ用チーズ……80g
（好みで）豆板醤、一味とうがらし……各適量

作り方

1 鶏肉はひと口大に切り、Aをもみ込む。キャベツはざく切り、玉ねぎとピーマンは乱切りにする。

2 フライパンにごま油を熱し、1を野菜、鶏肉の順に入れる。水大さじ3を回しかけてふたをし、蒸し焼きにする。

3 7〜8分後、野菜がしんなりして肉に火が通ったら全体を混ぜ合わせてチーズを散らし、ふたをしてチーズが溶けるまで加熱する。好みで豆板醤、一味とうがらしで辛さを調整する。

おすすめの副菜

「蒸しブロッコリーの
じゃこあえ」　　　　　→ **p83**

「小松菜と油揚げの
さっと煮」　　　　　　→ **p84**

ピリ辛みそ味で
ごはんがすすむ。
鶏肉となすには
焼き色を
つけて

焼く

鶏となすの
とろ照りみそ焼き

材料（2人分）

鶏もも肉……1枚
塩、こしょう……各適量
なす……2本
ピーマン……2個
サラダ油……大さじ1と1/2
A みそ、みりん、酒……各大さじ1
　しょうゆ、豆板醤、砂糖
　　……各小さじ1

作り方

1 鶏肉はひと口大に切り、塩、こしょう
をふる。なすとピーマンは乱切りにす
る。

2 フライパンにサラダ油大さじ1/2を熱
して鶏肉を焼き、焼き色がついたら
いったん取り出す。

3 同じフライパンにサラダ油大さじ1を
足してなすを焼き、焼き色がついて
しんなりしてきたら**2**を戻し入れ、
ピーマンを加えて軽く炒める。

4 Aを加えて全体を混ぜ、汁けを飛ば
しながら炒め合わせる。

おすすめの副菜

「キャベツと豆苗の
巣ごもりエッグ」　　　　**→ P81**

「もやしとかにかまの
チャンプルー」　　　　**→ P87**

手羽先と れんこんの たれ炒め

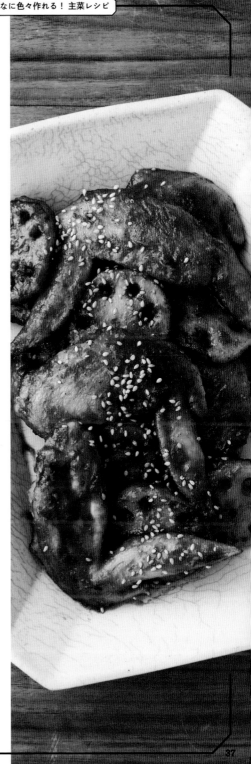

材料（2人分）

手羽先……6本
塩、こしょう……各適量
れんこん……200g
片栗粉……適量
サラダ油……大さじ1
A 焼肉のたれ……大さじ5
  水……大さじ2
白いりごま……適量

\炒める/

作り方

1 手羽先は皮目ではない方の骨の両サイドに切り込みを入れ、塩、こしょうをふる。れんこんは皮をむいて7〜8mm厚さの輪切りにする。

2 ポリ袋に1と片栗粉を入れ、口を閉じて振って粉をまぶしつける。

3 フライパンにサラダ油を熱して2のれんこんを焼き、焼き色がついたらいったん取り出す。

4 同じフライパンで2の手羽先を両面4〜5分ずつ焼き、3を戻し入れ、Aを加えて全体にからめる。器に盛り、白いりごまをふる。

おすすめの副菜

「蒸しキャベツと
赤ピーマンのごまあえ」 → p80

「丸ごと蒸しピーマン」 → p85

鶏といんげんの
ガリバタ炒め

/炒める\

材料(2人分)

鶏もも肉……1枚
塩……小さじ1/4
こしょう……少量
小麦粉……小さじ1
さやいんげん……10〜12本
サラダ油……小さじ2
A バター……15g
　しょうゆ……大さじ1
　にんにくのすりおろし
　　……1片分

作り方

1 鶏肉はひと口大に切り、塩、こしょう
をふって小麦粉をまぶす。さやいんげ
んは3〜4cm長さの斜め切りにする。

2 フライパンにサラダ油を熱し、鶏肉を
皮目から焼く。焼き色がついたら上下
を返してさらに焼く。

3 端に寄せ、あいたところにさやいんげ
んを入れて軽く炒める。ふたをして弱
火で2〜3分蒸し焼きにし、Aを加え
て炒め合わせる。

おすすめの副菜

「ピーマンの
ツナポン酢あえ」　　　━━▶ p85

「玉ねぎの
オイスター照り焼き」　━━▶ p90

材料を入れて
煮たら完成！
大根にも
味がしみしみ

煮る

手羽元と大根の煮もの

材料（2人分）
手羽元……8本
大根……200g
A しょうがのせん切り……1片分
　 めんつゆ（3倍濃縮）……大さじ5
　 はちみつ……大さじ1
　 水……カップ1
小ねぎの小口切り……適量

作り方
1 大根は1.5cm厚さの半月切りにする。
2 鍋に1、手羽元、Aを入れて落としぶたをし、20〜22分煮る。ふたを外して手羽元を転がし軽く汁けを飛ばしながら煮からめる。器に盛り、小ねぎをふる。

おすすめの副菜

「小松菜
バターコーン炒め」 ━━➤ p84

「もやしとかにかまの
チャンプルー」 ━━➤ p87

チキン ラタトゥイユ

煮る

材料（2人分）

鶏もも肉……1枚
A 塩……小さじ1/2
　┃ こしょう……少量
ズッキーニ……1本
なす……1本
赤パプリカ……1個
玉ねぎ……1/2個
トマト……1個
B にんにくのすりおろし……1片分
　┃ 顆粒コンソメスープの素、はちみつ
　┃ 　……各大さじ1
　┃ 水……カップ1/2
オリーブ油……大さじ1
塩、黒こしょう……各適量

作り方

1 鶏肉はひと口大に切り、Aをもみ込む。
　ズッキーニとなすは1cm厚さの輪切
　り、パプリカと玉ねぎは2cm大の角切
　り、トマトはざく切りにする。

2 フライパンに1を野菜、鶏肉の順に入
　れ、Bを加えてオリーブ油を回しかけ
　る。ふたをして火にかけ、フライパン
　の中が温まってきたら弱火にして15
　～20分蒸し煮にする。

3 塩で味をととのえる。器に盛り、黒こ
　しょうをふる。

おすすめの副菜

「さやいんげんの
カレー天ぷら」　　　　→ p86

「大根ピザ」　　　　　→ p91

たっぷり卵で、ふっくら食感のイタリア風のおかずに

ささみの ピカタ

 ＼焼く／

材料（2人分）

ささみ……4本 (280g)
A 塩……小さじ1/2
　｜こしょう……適量
　｜酒……大さじ1
小麦粉……適量
溶き卵……2個分
オリーブ油……適量
（あれば）ベビーリーフ……適量
トマトケチャップ……適量

作り方

1 ささみはそぎ切りにし、Aをもみ込む。

2 1に小麦粉をまぶして、溶き卵にくぐらせ、オリーブ油を熱したフライパンで焼く。表面に焼き色がついたら再度卵液にくぐらせて焼く。これを何度か繰り返し、中まで火を通す。

3 ベビーリーフとともに器に盛り、ケチャップを添える。

おすすめの副菜

「玉ねぎの
皮ごと蒸し焼き」　　　　──→ P90

「きのこの
ガーリックソテー」　　　　──→ P89

豚肉おかず

子どもが喜ぶ味わいに。豚肉から出た脂もしっかり活かして

ポークソテー バーベキューソース

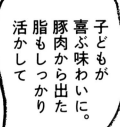

/ 焼く \

材料（2人分）

豚肩ロースとんカツ用肉……2枚
小麦粉……適量
スナップえんどう……16個
ミニトマト……6個
サラダ油……大さじ1
塩、こしょう……各適量
A　トマトケチャップ、中濃ソース……各大さじ2
　　フレンチマスタード、水……各大さじ1
　　はちみつ……小さじ1

作り方

1　豚肉は包丁の背でたたき、塩、こしょう各少量をふって小麦粉をまぶす。スナップえんどうは筋を除く。

2　フライパンにサラダ油大さじ1/2を熱し、スナップえんどうを1分ほど炒める。ミニトマトを加えてさらに炒め、トマトの皮がはじけてきたら塩、こしょう各適量をふって取り出す。

3　同じフライパンにサラダ油大さじ1/2を足し、豚肉を入れて両面に焼き色がつくまで焼き、Aを加えて煮詰める。2とともに器に盛る。

おすすめの副菜

「蒸しブロッコリーとかぶのオイスターマヨがけ」　→ P83

「小松菜バターコーン炒め」　→ P84

フライパン 塩豚

蒸す

材料（2人分）

豚肩ロースブロック肉
……400〜450g
塩……小さじ2
こしょう……適量
砂糖……小さじ1
長ねぎの青い部分……1本分
粒マスタード……適量
水菜……適量

作り方

1 豚肉は塩、こしょうをもみ込み、バット（フライパンに入るサイズのもの。深さのある耐熱皿でもOK）にのせて30分以上おく。

2 1をバットごとフライパンに入れ、豚肉に長ねぎをのせる。フライパンに、バットの高さより少し低いくらいまで水を注ぎ入れ、ふたをして30〜40分蒸す（水がなくなったら元の量まで足す）。

3 長ねぎは除き、豚肉を食べやすい大きさに切り、長めのざく切りにした水菜とともに器に盛り、粒マスタードを添える。

おすすめの副菜
「ハーブトマト炒め」 → p 78
「もやしの
ナポリタン風炒め」 → p 87

わいわい
取り分けながら
食べたい
ごちそうおかず

豚の
トマト煮

煮る

材料（2人分）

豚こま切れ肉……250g
塩……小さじ1
こしょう……適量
玉ねぎ……1個
さやいんげん……8本
にんにく……1片
赤とうがらし……1本
オリーブ油……大さじ1
A トマト缶（カットタイプ）……1缶
　 砂糖……大さじ1
　 水……カップ1

作り方

1 豚肉に塩、こしょうをもみ込む。玉ねぎは薄切りにし、さやいんげんは3〜4cm長さに切る。

2 フライパンにオリーブ油、つぶしたにんにく、赤とうがらしを入れて弱火にかける。香りが立ったら豚肉と玉ねぎを加えて中火で炒める。

3 豚肉に火が通って玉ねぎがしんなりしたらさやいんげんとAを加え、汁けが少なくなって軽くとろみがつくまで煮る。

おすすめの副菜

「キャベツと豆苗の
巣ごもりエッグ」　　　➡ p81

「大根ピザ」　　　➡ p91

シンプルだけど
やみつき感あり。
レタスで豚肉を
巻いてどうぞ

 \\炒める/

豚こま塩焼き

材料（2人分）

豚こま切れ肉……250g
塩……小さじ1弱
サラダ油……小さじ2
レタス……6枚
ごま油……小さじ1
白いりごま……適量

作り方

1 豚肉に塩をもみ込み、サラダ油を熱したフライパンで2〜3分炒める。

2 1をちぎったレタスとともに器に盛り、豚肉にごま油を回しかけ、白いりごまをふる。

おすすめの副菜

「きのこのキムチ炒め」 →p**88**

「玉ねぎの
オイスター照り焼き」 →p**90**

チンゲン菜と豚肉のうま煮

煮る

材料（2人分）

豚バラ薄切り肉……200g
チンゲン菜……1袋 (200g)
ごま油……小さじ1
A しょうゆ、みりん……各大さじ1
　顆粒鶏ガラスープの素、酒
　　……各小さじ1
　水……カップ1/2
水溶き片栗粉
　片栗粉……大さじ1/2
　水……大さじ1

作り方

1 豚肉は3〜4㎝長さに切る。チンゲン菜は茎は1㎝幅に切り、葉はざく切りにする。

2 フライパンにごま油を熱し、チンゲン菜の茎と豚肉を炒め、肉の色が変わったらチンゲン菜の葉を加えてさらに炒める。

3 Aを加えて軽く煮たら、水溶き片栗粉でとろみをつける。

おすすめの副菜
「トマト入り卵焼き」 → p78
「大根とごぼうの
から揚げ」 → p91

炒める

豚バラ
麻婆豆腐

材料（2人分）

豚バラ薄切り肉……150g
塩、こしょう……各少量
木綿豆腐……1丁（350g）
長ねぎの粗みじん切り……15cm分
ごま油……小さじ1
A しょうがのすりおろし、
　　にんにくのすりおろし、
　　　……各1片分
　　豆板醤……小さじ1
B みそ……大さじ1
　　砂糖……小さじ2
　　顆粒鶏ガラスープの素
　　　……小さじ1
　　水……カップ3/4
片栗粉……大さじ1/2
（好みで）ラー油、花椒粉……各適量

作り方

1 豚肉は3cm長さに切り、塩、こしょうを
　ふる。

2 フライパンにごま油を熱し、1、A、長
　ねぎの半量を入れて炒め、豚肉がぽ
　ろぽろになったらBを加える。

3 軽く水気をきって2〜3cm角に切った
　豆腐を加え、煮立ったら残りの長ねぎ
　に片栗粉をまぶして加え、へらで混ぜ
　ながらとろみがつくまで煮る。好みで
　ラー油、花椒粉をかける。

おすすめの副菜

「蒸しキャベツと
赤ピーマンのごまあえ」　　　　→ p80

「フライパン蒸しなす」　　　　→ p82

おうちで楽しむ
簡単中華風。
片栗粉の力で
豚肉がやわらか

 炒める

豚にら炒め

材料（2人分）

豚こま切れ肉……200g
しょうゆ、酒……各小さじ1
片栗粉……小さじ1
もやし……1袋（200g）
にら……1/2パック（50g）
ごま油……小さじ2
A オイスターソース……大さじ1
　しょうゆ、みりん……各小さじ1
　にんにくのすりおろし……1片分

作り方

1 豚肉にしょうゆ、酒をもみ込み、片栗粉をまぶす。にらは3〜4cm幅に切る。

2 フライパンにごま油を熱し、豚肉を炒める。肉の色が変わったらもやしを加えてさっと炒め、Aとにらを加えて強火で炒め合わせる。

おすすめの副菜

「蒸しブロッコリーの
じゃこあえ」　　　　→ p83

「丸ごと蒸しピーマン」　→ p85

49

豚バラと野菜の
ホイル蒸し

材料(2人分)
豚バラ薄切り肉……200g
塩、こしょう……各少量
しめじ……100g
にんじん……50g
バター……10g
ポン酢しょうゆ、粗びき黒こしょう
……各適量

作り方

1 豚肉は食べやすい大きさに切り、塩、こしょうをふる。しめじは石づきを落として小房に分け、にんじんは薄めの短冊切りにする。

2 アルミホイルを2枚広げ、豚肉、しめじ、にんじん、バターを順にそれぞれ半量ずつのせて包み、フライパンに並べ入れる。

3 1cm深さまで水を注ぎ入れ、ふたをして12〜15分蒸す(水がなくなったらその都度少しずつ足す)。取り出してアルミホイルを開き、ポン酢しょうゆをかけて粗びき黒こしょうをふる。

おすすめの副菜
「ハーブトマト炒め」　→ p**78**
「キャベツと豆苗の
巣ごもりエッグ」　→ p**81**

ひと口食べると
チーズがとろり。
和と洋の絶妙な
組み合わせ

 \ 揚げる /

豚と青じその 梅チーズカツ

材料（6個分）
豚ロース薄切り肉……12枚
塩、こしょう……各適量
青じそ……6枚
梅肉……6個分
プロセスチーズ……60g
小麦粉、溶き卵、パン粉……各適量
揚げ油……適量
(好みで)グリーンリーフ、トマト
　　……各適量

作り方

1 豚肉は2枚を縦にくっつけて並べ、軽く塩、こしょうをふる。青じそ1枚、梅肉1個分、プロセスチーズ10gをのせてくるくると巻く。残りも同様に作る。

2 **1**に小麦粉、溶き卵、パン粉の順に衣をつける。

3 フライパンに揚げ油を2cm深さまで入れて170℃に熱し、**2**を転がしながら5〜6分揚げる。器に盛り、好みでグリーンリーフとトマトを添える。

おすすめの副菜

「蒸しキャベツと
赤ピーマンのごまあえ」 ━━▶ **P80**

「ピーマンの
ツナポン酢あえ」 ━━▶ **P85**

ひき肉
おかず

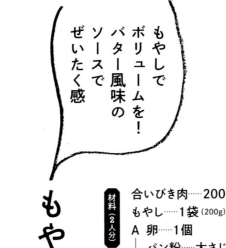

もやしで
ボリュームを！
バター風味の
ソースで
ぜいたく感

もやしバーグ

焼く

材料（2人分）

合いびき肉……200g
もやし……1袋 (200g)
A 卵……1個
　｜ パン粉……大さじ3
　｜ 塩、こしょう……各適量
黄パプリカ……1個
しめじ……100g
サラダ油……適量
B バター……15g
　｜ めんつゆ (3倍濃縮)……大さじ3
　｜ 水……大さじ5

作り方

1 パプリカは1cm幅に切り、しめじは石づきを落として小房に分ける。

2 ひき肉、もやし、Aを混ぜ合わせて手でこね、2等分にして小判形に成形する。

3 フライパンにサラダ油を熱して**2**を両面焼く。あいているところに**1**を入れて炒め、しめじに火が通ったらパプリカとともに取り出し、塩、こしょう各適量 (分量外) をふる。同じフライパンに**B**を入れてふたをし、肉だねに火が通るまで蒸し焼きにする。

おすすめの副菜
「フライパン蒸しなす」　　　━➔ **p82**
「小松菜
バターコーン炒め」　　　　━➔ **p84**

ビッグつくね

／焼く＼

材料（2人分）

鶏ひき肉……300g
A 卵……1個
　　長ねぎのみじん切り
　　　……1/2本分
　　片栗粉……大さじ2
　　白いりごま……小さじ2
　　しょうゆ、しょうがのすりおろし
　　　……各小さじ1
サラダ油……大さじ1
しいたけ……6枚
B しょうゆ、砂糖、みりん、酒
　　　……各大さじ1
　　水……大さじ3
水溶き片栗粉
　　片栗粉……小さじ1
　　水……小さじ2
小ねぎの小口切り……適量

作り方

1 しいたけは石づきを落として半分に
　切る。ポリ袋にひき肉、Aを入れても
　み混ぜ、平らな円形に整える。

2 フライパンにサラダ油を熱し、1の肉
　だねを強火で1分焼く。ふたをして弱
　火で3〜4分蒸し焼きにし、裏返す。
　すきまにしいたけを加えて強火で1分
　焼き、ふたをして弱火で3〜4分蒸し
　焼きにする。

3 Bを加えたらふたをして3〜4分蒸し
　焼きにする。水溶き片栗粉を加えてと
　ろみをつけ、小ねぎを散らす。

おすすめの副菜

「蒸しブロッコリーの
じゃこあえ」　　　　──→ p83

「小松菜と油揚げの
さっと煮」　　　　　──→ p84

いつもの食材＋
ナンプラーで
気軽に作れる
アジアン風

\炒める/

エスニックそぼろ野菜炒め

材料（2人分）

豚ひき肉……200g
もやし……1袋（200g）
ピーマン、赤ピーマン……各1個
キャベツ……100g
にんにくのすりおろし……1片分
サラダ油……小さじ1
A ナンプラー……大さじ1
　 オイスターソース……小さじ2
　 酒、砂糖……各小さじ1
　 赤とうがらしの小口切り
　　……1本分

作り方

1 ピーマンは乱切りに、キャベツはざく切りにする。

2 フライパンにサラダ油を熱し、にんにく、ひき肉を炒める。ひき肉がぽろぽろになってきたらもやし、1を加えて炒め、Aを加えて炒め合わせる。

おすすめの副菜
「さやいんげんの
カレー天ぷら」　　——→ p86
「エリンギの
甘酢照り焼き」　　——→ p89

煮る

ピリ辛スープにくったりとしたレタスが美味。春雨で満足感も

ひき肉と春雨の
ピリ辛スープ煮

材料(2人分)

豚ひき肉……100g
春雨(乾燥)……30g
しいたけ……2枚
レタス……2枚
サラダ油……小さじ1
A 豆板醤、にんにくのすりおろし
　　……各小さじ1
B 顆粒鶏ガラスープの素
　　……小さじ2
　しょうゆ……小さじ1
　水……カップ2
塩、こしょう……各適量

作り方

1 しいたけは石づきを落として薄切りにする。

2 フライパンにサラダ油を熱し、ひき肉とAを入れて炒める。ひき肉がぽろぽろになったらB、春雨、1を加えて2〜3分煮る。

3 レタスをちぎって加えて混ぜ、塩、こしょうで味をととのえる。

おすすめの副菜

「トマト入り卵焼き」 **→ p78**

「大根とごぼうのから揚げ」 **→ p91**

肉シュウマイ

材料（2人分）

豚ひき肉……200g
玉ねぎのみじん切り
　……1/2個分
A オイスターソース、片栗粉
　│……各大さじ1
　│ しょうゆ、砂糖、ごま油、
　│ しょうがのすりおろし……各小さじ1
シュウマイの皮……12枚
グリンピース(冷凍)……12個
サラダ油……適量
しょうゆ、練り辛子……各適量

蒸す

作り方

1 ボウルにひき肉、玉ねぎ、Aを入れて
　よく混ぜ合わせる。

2 1を12等分してシュウマイの皮で包
　み、グリンピースをのせる。

3 フライパン全体にサラダ油を薄くぬ
　り、2を並べる。水カップ3/4を加え
　てふたをし、水分がなくなるまで蒸し
　焼きにする。器に盛り、しょうゆと辛
　子を添える。

おすすめの副菜

「なすの梅だれあえ」　　　**→** p**82**

「きのこのキムチ炒め」　　**→** p**88**

豆腐でヘルシー＆ふんわり感。おつまみやおやつにも！

\揚げる/

チキンナゲット

材料（2人分）

鶏ひき肉……150g
木綿豆腐……150g
卵……1個
A にんにくのすりおろし……1/2片分
　顆粒コンソメスープの素……大さじ1/2
　パン粉……大さじ6
　塩、こしょう……各適量
揚げ油……適量
B トマトケチャップ……大さじ2
　中濃ソース、フレンチマスタード
　　……各大さじ1
　はちみつ……小さじ1

作り方

1　豆腐はペーパータオルで包んでバットや皿にのせて重しをして10分ほどおき、水きりする（水きり後の重さの目安は80g）。

2　ボウルにひき肉、1、卵、Aを入れて豆腐をつぶしながらよく混ぜ、ひと口大に丸める。

3　フライパンに揚げ油を2cm深さまで入れて180℃に熱し、2を3分揚げる。器に盛り、混ぜ合わせたBを添える。

おすすめの副菜

「キャベツと豆苗の
巣ごもりエッグ」　　　→ p81

「もやしの
ナポリタン風炒め」　　→ p87

ビフカツ  ／揚げる＼

材料（2人分）
牛ステーキ用肉……大1枚
A 塩、こしょう……各適量
　にんにくのすりおろし
　　（またはガーリックパウダー）
　　　……少量
小麦粉、溶き卵、パン粉……各適量
揚げ油……適量
じゃがいも……1〜2個
さやいんげん……8本

作り方

1 じゃがいもは4等分のくし形切りにし、長さを半分に切る。さやいんげんは3〜4cm長さに切る。

2 牛肉は**A**で下味をつけ、小麦粉→溶き卵→小麦粉→溶き卵→パン粉の順に衣をつける。

3 フライパンに揚げ油を2cm深さまで入れ、じゃがいもを加えて火にかける。油がふつふつしてきたらさやいんげんを加えて揚げる。1分後にさやいんげんを取り出し、じゃがいもは竹串がスッと通るようになったら取り出す。

4 **3**の揚げ油を200℃に熱し、**2**を1分揚げていったん取り出し、3分休ませる。再び200℃の油で50秒揚げ、とりだして2〜3分おき、食べやすい大きさに切る。**3**とともに器に盛る。

おすすめの副菜
「ハーブトマト炒め」 ──→ p **78**
「玉ねぎの
　皮ごと蒸し焼き」 ──→ p **90**

牛肉
おかず

\煮る/

肉豆腐

材料（2人分）

牛こま切れ肉……200g
木綿豆腐……1丁 (350g)
長ねぎ……1/2本
A だし汁……カップ3/4
 ┃ しょうゆ……大さじ1と1/2
 ┃ 砂糖、みりん、酒……各大さじ1
長ねぎの青い部分の小口切り
 ……適量

作り方

1 豆腐は3〜4㎝角に切り、ペーパータオルの上にのせて軽く水きりする。長ねぎは斜め薄切りにする。

2 フライパンにA、牛肉、長ねぎを入れて火にかけ、アクを取ったら豆腐を加えて10分煮る。器に盛り、長ねぎの青い部分をのせる。

おすすめの副菜

「なすの梅だれあえ」　　　→ p82

「ピーマンの
ツナポン酢あえ」　　　→ p85

牛肉とトマトの
Wのうまみを
卵とソースが
まとめます

炒める

牛肉とトマトの卵炒め

材料（2人分）

牛薄切り肉……200g
しょうゆ、片栗粉……各小さじ1
トマト……1個
長ねぎ……1/2本
卵……2個
サラダ油……大さじ1/2
ごま油……小さじ2
A 中濃ソース……大さじ2
｜ みりん……小さじ1
塩、こしょう……各適量

作り方

1 牛肉は食べやすい大きさに切り、しょうゆをもみ込んで片栗粉をまぶす。トマトはくし形切りに、長ねぎは薄切りにする。卵は溶きほぐし、塩少量を加えて混ぜる。

2 フライパンにサラダ油を熱し、**1**の卵液を流し入れて強火でふわっと火を通して取り出す。

3 同じフライパンにごま油を熱して長ねぎを炒め、牛肉を加えてさらに炒める。肉の色が変わってきたらトマトと**A**を加え、**2**を戻し入れてさっと混ぜ、塩、こしょうで味をととのえる。

おすすめの副菜

「蒸しブロッコリーの
じゃこあえ」 ⟶ **p83**

「丸ごと蒸しピーマン」 ⟶ **p85**

みそバター＋
にんにくで、
白飯泥棒に！
野菜もたっぷり

蒸す

さけの
ちゃんちゃん焼き

材料（2人分）

生さけ（切り身）……2切れ
塩……少量
キャベツ……100g
にんじん……1/4本（50g）
ピーマン……2個
もやし……1袋（200g）
サラダ油……小さじ2
A みそ、みりん、酒……各大さじ2
　砂糖……小さじ1
　しょうゆ……小さじ1
　にんにくのすりおろし……1片分
バター……10g
粗びき黒こしょう……適量

作り方

1 さけは塩をふる。キャベツはざく切り、
　にんじんは短冊切り、ピーマンは乱切
　りにする。

2 フライパンにサラダ油を熱してさけを
　焼き、焼き色がついたら上下を返す。
　1の野菜、もやしを広げ入れ、混ぜ合
　わせたAを加えてふたをし、4〜5分
　蒸し焼きにする。

3 全体に火が通ったらバターをのせ、粗
　びき黒こしょうをふる。

おすすめの副菜

「なすの梅だれあえ」　　　➡ **p82**

「丸ごと蒸しピーマン」　　➡ **p85**

魚おかず

さけと チンゲン菜の 中華炒め

炒める

材料（2人分）

生さけ（切り身）……2切れ
小麦粉……適量
サラダ油……大さじ1
チンゲン菜……1袋（200g）
赤パプリカ……1/2個
A オイスターソース、酒……各大さじ1
　顆粒鶏ガラスープの素
　　……小さじ1/2
塩、こしょう……各適量

作り方

1 さけは1切れを3等分に切り、塩少量をふって小麦粉をまぶす。チンゲン菜は葉と茎に分けざく切りに、パプリカは乱切りにする。

2 フライパンにサラダ油を熱し、さけを両面1〜2分ずつ焼く。端に寄せ、チンゲン菜の茎とパプリカを加えてさっと炒め、チンゲン菜の葉を加えてさっと炒める。Aを加えて炒め合わせ、塩、こしょうで味をととのえる。

おすすめの副菜

「蒸しブロッコリーの
じゃこあえ」 → p83

「大根とごぼうの
から揚げ」 → p91

さばのかば焼き

材料（2人分）

さば（半身・3枚おろし）……**2枚**（1尾分）
しょうがのしぼり汁……小さじ1
片栗粉……適量
サラダ油……大さじ1
A しょうゆ、砂糖、みりん、酒
│ ……各大さじ1と1/2
白いりごま……適量
水菜のざく切り……適量

作り方

1 さばは半分に切ってしょうがのしぼり汁をまぶして数分おき、片栗粉をまぶす。

2 フライパンにサラダ油を熱して**1**を皮目から入れ、3〜4分焼く。裏返して弱火で4〜5分焼き、**A**を加えてからめる。水菜とともに器に盛り、白いりごまをふる。

おすすめの副菜

「蒸しキャベツと
赤ピーマンのごまあえ」　　　➡ p80

「フライパン蒸しなす」　　　➡ p82

サクッと食感が
たまらない。
牛乳に浸して
臭みをとって

あじフライ

材料（2人分）

あじ（半身・3枚おろし）……6〜8枚（3〜4尾分）
牛乳……適量
塩、こしょう……各少量
小麦粉、溶き卵、パン粉……各適量
揚げ油……適量
（好みで）キャベツのせん切り、
　　ミニトマト、中濃ソース……各適量

作り方

1 あじは牛乳に漬けて2〜3分おく。ペーパータオルで汁けを拭き、塩、こしょうをふる。

2 小麦粉をまぶして溶き卵をつけ、パン粉をまぶす。

3 フライパンに揚げ油を深さ1〜2cmまで入れて180℃に熱し、2を2分ほど揚げる。裏返してさらに1〜2分揚げ、器に盛る。好みでキャベツとミニトマトを添えてソースをかける。

おすすめの副菜

「蒸しブロッコリーの
じゃこあえ」　　　　→ p83

「焼きいんげんの
しょうがポン酢漬け」　→ p86

column 　＼簡単！／ 注ぐだけスープ

とろたまコンソメスープ。

半熟状態の
とろ〜り卵に
チーズで
コクをプラス

溶き卵1個分
＋ピザ用チーズ10g
＋顆粒コンソメ
　　スープの素小さじ1
＋ドライパセリ適量

熱湯カップ1/2を注いで混ぜ、こ
しょう適量をふる。

オクラ納豆スープ。

納豆の
ほっとする味に
わさびの辛味が
アクセント

納豆1パック
＋添付のたれ
＋オクラ2〜3本
　　（板ずりして小口切り）
＋しょうゆ小さじ1
＋練りわさび（チューブ）2cm

熱湯カップ3/4を注いで混ぜる。

「献立に汁ものも添えたいけど、鍋を使ってもう1品作るのは面倒……」
そんなときには、"注ぐだけスープ"がとってもラク。器に材料を入れて
お湯を注ぐだけなので、鍋いらず。洗い物も少なくて済みますよ。
（分量はすべて1人分です）

トマトチーズスープ。

トマトで彩り＆
うまみをプラス。
いろんな食感が
楽しい1品

トマト1/4個（角切り）
＋プロセスチーズ30g（角切り）
＋ブロッコリースプラウト5g
＋顆粒コンソメ
　スープの素小さじ1

熱湯120mlを注いで混ぜる。

うずらのエスニックスープ。

手軽に異国風の
気分になれる。
ごろっと卵で
満足感あり

うずらの卵（水煮）5〜6個
＋パクチー適量（ざく切り）
＋ナンプラー小さじ1
＋顆粒鶏ガラスープの素小さじ1/2
＋レモン汁小さじ1/2
＋赤とうがらし1/3本（小口切り）

熱湯カップ3/4を注いで混ぜ、パクチーをのせる。

切り干し大根のみそ汁

乾物のうまみでだしいらず

熱湯カップ3/4を注いで混ぜる。

小ねぎ適量（小口切り）　わかめ（乾燥）2g
削り節1g　みそ小さじ2

わかめとねぎのみそ汁

削り節も具として食べて◎

熱湯カップ3/4を注いで混ぜる。

切り干し大根10g　刻みのり適量
めんつゆ（3倍濃縮）小さじ1　みそ小さじ1

卵と三つ葉の和風スープ

白だしで味が一発で決まる

熱湯100〜120mlを注ぎ（少し高めから勢いをつけて注ぐと卵がふわっとかたまる）、混ぜる。

塩昆布8g　花かつお2〜3g
梅干し（塩分8%）1個

梅干しの塩昆布汁

梅干しをつぶしながらどうぞ

熱湯カップ3/4を注いで混ぜる。

溶き卵1個分　三つ葉適量（刻む）
白だし小さじ2

芽ひじき（乾燥）1g

桜えび（乾燥）3g

昆布茶小さじ1

桜えびと
ひじきの
スープ

昆布茶で
ぐっと深み
ある味に

熱湯カップ3/4を注いで混ぜる。

レタスの
中華風みそ汁

レタスを
たっぷりと
入れて

熱湯カップ3/4を注いで混ぜる。

白いりごま
小さじ1

顆粒鶏ガラスープ
の素小さじ1/2

レタス30g
（ちぎる）

みそ小さじ1

豆板醤小さじ1/4

わかめ（乾燥）
2〜3g

顆粒鶏ガラスープの素
小さじ1

春雨（乾燥・小分けタイプ）
1個

白いりごま
小さじ1

ごま油
小さじ1/2

お麩しそ
スープ

しその香りに
お麩の食感が
やさしい

熱湯カップ3/4を注いで混ぜる。

麩5〜6個

青じそ2〜3枚
（せん切り）

昆布茶小さじ1

春雨と
わかめの
中華スープ

ごま油香る
具だくさん
汁もの

熱湯カップ1を注いで混ぜ、皿やラップをかぶせて3分おく。好みで塩、こしょう適量で味をととのえる。

column 丼&麺もフライパンで

ジャージャー丼

材料（2人分）

合いびき肉……200g
たけのこ（水煮）……100g
ごま油……小さじ1
A しょうがのすりおろし、
　　にんにくのすりおろし
　　……各小さじ1
B 豆板醤……小さじ1/2
　　みそ、オイスターソース、砂糖
　　……各小さじ2
　　しょうゆ……小さじ1/2
温かいごはん……茶碗2杯分
きゅうり……1本
（好みで）温泉卵（または卵黄）……2個

作り方

1 たけのこは8mm幅の角切りにする。

2 フライパンにごま油を熱し、A、1、ひき肉を炒める。ひき肉がぽろぽろになったら合わせたBを加え、炒め合わせる。

3 どんぶりにごはんを盛り、2、細切りにしたきゅうり、好みで温泉卵をのせる。

ごはんものや麺も、フライパンひとつでできちゃいます。麺は別の鍋でゆでなくてOK。
ごはんにのっけて丼にすれば洗い物もひとつ減らせます。

お好み丼

材料（1人分）

豚バラ薄切り肉……50g
塩、こしょう……各適量
キャベツ……60g
桜えび……大さじ1
卵……1個
温かいごはん……茶碗1杯分
中濃ソース……適量
紅しょうが、青のり……各適量

作り方

1 豚肉は塩、こしょうをふる。キャベツは
　せん切りにする。

2 フライパンを熱して豚肉を焼き、キャベ
　ツと桜えびをのせる。卵を割り落として
　ふたをし、卵がかたまってきたら火を止
　める。

3 どんぶりにごはんを盛って**2**をのせる。
　中濃ソースをかけ、紅しょうがをのせて
　青のりをふる。

牛こまのチャップライス

材料（2人分）

牛こま切れ肉……250g
玉ねぎ……1/2個
サラダ油……小さじ2
A トマトケチャップ……大さじ4
　　中濃ソース……大さじ1
　　砂糖……小さじ1
塩、こしょう……各適量
温かいごはん……茶碗2杯分
バター……10g
(あれば)パセリのみじん切り
　　……適量

作り方

1 玉ねぎは薄切りにする。

2 フライパンにサラダ油を熱して**1**を炒め、しんなりしてきたら牛肉を加えて炒める。肉の色が変わったら**A**を加えて混ぜ、塩、こしょうで味をととのえる。

3 ごはんとバターを混ぜて**2**とともに器に盛り、ごはんにパセリをふる。

みそバター焼きそば

材料（2人分）

中華蒸し麺……2玉
豚ひき肉……120g
もやし……1袋 (200g)
キャベツ……100g
バター……10g
しょうがのすりおろし
　　……小さじ1
酒……大さじ2
みそ……大さじ1と1/2
めんつゆ (3倍濃縮)……大さじ1/2
塩、こしょう……各適量
小ねぎの小口切り、
　　粗びき黒こしょう……各適量

作り方

1 キャベツはざく切りにする。

2 フライパンにバターを熱し、ひき肉としょうがを炒める。肉の色が変わったらもやしと1を加えて炒め、キャベツがしんなりしたら麺と酒を加えてほぐす。

3 みそとめんつゆを加えて全体を混ぜ、塩、こしょうで味をととのえる。器に盛り、小ねぎを散らして粗びき黒こしょうをふる。

ブロッコリーときのこの ワンポットペペロンチーノ

材料(2人分)

スパゲティ(7〜10分ゆでのもの)
……200g
ブロッコリー……120〜150g
しめじ……100g
ベーコン……4枚
オリーブ油……大さじ2
にんにくの薄切り……1片分
赤とうがらしの小口切り
……1本分
塩、粗びき黒こしょう
……各適量

作り方

1 ベーコンは細切りにする。しめじは石づきを落とし、ブロッコリーとともに小房に分ける。

2 フライパンにオリーブ油、にんにく、赤とうがらしを入れて弱火にかけ、香りが立ったら中火にし、ベーコンとしめじを加えて炒める。

3 水カップ3と塩小さじ1/2を加え、沸騰したらスパゲティを半分に折って加えてふたをし、麺がくっつかないようにときどきほぐして混ぜながら加熱する。ゆで上がり時間の2分前にブロッコリーを加える。塩で味をととのえて器に盛り、粗びき黒こしょうをふる。

ワンポットナポリタン

スパゲティ (7〜10分ゆでのもの)
……200g
顆粒コンソメスープの素
……小さじ1
玉ねぎ……1/2個
にんじん……40g
ピーマン……2個
ウインナーソーセージ……5〜6本
A トマトケチャップ
　　……大さじ5〜6
　中濃ソース……大さじ1
塩、こしょう……各適量
(好みで) 粉チーズ……適量

作り方

1 玉ねぎは薄切り、にんじんは短冊切り、ピーマンは細切り、ソーセージは斜め薄切りにする。

2 フライパンにスパゲティを半分に折って入れ、水カップ3、顆粒コンソメスープの素、玉ねぎ、にんじんを加えてふたをし、火にかける。

3 麺がくっつかないようにときどきほぐして混ぜながら煮て、ゆで上がり時間の4分前にソーセージとピーマンを加える。

4 Aを加えて汁けがなくなるまで加熱し、塩、こしょうで味をととのえる。器に盛り、好みで粉チーズをふる。

ミルクカレーうどん

材料（2人分）

ゆでうどん……2玉
豚バラ薄切り肉……100g
大根……100g
にんじん……50g
玉ねぎ……1/2個
さやいんげん……6本
A めんつゆ（3倍濃縮）……大さじ1
 ｜ 水……カップ3
B カレールウ……30〜40g
 ｜ 牛乳……カップ1
水溶き片栗粉
 ｜ 片栗粉……小さじ2
 ｜ 水……小さじ4

作り方

1 豚肉は食べやすい大きさに、大根とにんじんはいちょう切り、玉ねぎは薄切りにする。さやいんげんは3cm長さに切る。

2 フライパンにA、さやいんげん以外の1を入れて火にかけ、アクを取りながら5分ほど加熱する。

3 さやいんげんを加えさらに数分煮て、野菜に火が通ったらBを加え、ルウが溶けたらうどんを加える。沸騰したら火を弱め、水溶き片栗粉でとろみをつける。

PART

2

フライパンで
ささっと作れる！

副菜
レシピ

副菜もフライパンを使うことでバリエーションが広がり、マンネリ化の防止に。
おなじみの食材なのにごちそう感がぐぐっとアップ。食卓を格上げしてくれます。
主菜との色々な組み合わせを楽しんでみてください。

ハーブトマト炒め

トマトの甘みにハーブの香りが広がります。ワインのお供に

材料（2人分）

ミニトマト……1パック
オリーブ油……大さじ1
にんにく……1片
ローズマリー……1本
塩、こしょう……各適量

作り方

フライパンにオリーブ油、つぶしたにんにく、ローズマリーを入れて弱火にかける。香りが立ったらミニトマトを入れて中火でさっと炒め、塩、こしょうをふる。

／炒める＼

トマト入り卵焼き

材料（2人分）

トマト……小1個
溶き卵……2個分
塩、こしょう……各適量
バター……10g

作り方

1 トマトは1cm角に切り、溶き卵、塩、こしょうと混ぜる。

2 フライパンにバターを熱し、**1**を流し入れる。8割がた火が通ってきたら三つ折りにして1分弱焼き、食べやすい大きさに切る。

／焼く＼

蒸しキャベツと赤ピーマンのごまあえ

材料（2人分）

キャベツ……200g
赤ピーマン……1個
A めんつゆ（3倍濃縮）、
　白すりごま……各大さじ2
　砂糖……小さじ1

蒸す

作り方

1 キャベツはざく切り、ピーマンは細切りにする。

2 フライパンに**1**、水大さじ3を入れ、ふたをして火にかける。しんなりしたらふたを外して水分を飛ばし、**A**を加えてあえる。

半熟にした
卵黄を野菜に
からめながら
食べても

蒸す

キャベツと豆苗の
巣ごもりエッグ

材料（2人分）

キャベツ……120g
豆苗……30g
卵……2個
オリーブ油……適量
塩、こしょう……各適量

作り方

1 キャベツはせん切りに、豆苗はざく切りにする。

2 フライパンにオリーブ油を薄くぬって**1**をキャベツ、豆苗の順に円形に広げ、中央をくぼませてそこに卵を割り落とす。

3 水大さじ2を加え、ふたをして中火にかける。卵が好みのかたさになるまで加熱し、塩、こしょうをふる。

焼く

なすの梅だれあえ

材料（2人分）

なす……2本
ピーマン……2個
サラダ油……大さじ1〜2
梅干し（塩分8%）……10g（1〜2個）
A 酒、みりん……各大さじ1
 ┃ しょうゆ……小さじ2
 ┃ 砂糖……小さじ1

作り方

1 なすはヘタを残してがくを除き、1本を縦6等分に、ピーマンはなすと同じくらいの太さに切る。

2 フライパンにサラダ油を熱して1を入れ、なすに焼き色がついてしんなりするまで焼く。

3 たたいた梅干しとAを加えてあえる。

フライパン蒸しなす

材料（2人分）

なす……2本
A めんつゆ（3倍濃縮）、
 ┃ マヨネーズ、白すりごま
 ┃ ……各大さじ1
 ┃ 酢、砂糖……各小さじ1
青じそのせん切り……2〜3枚分

作り方

1 なすはヘタを残してがくを除いて皮をむき、フライパンに並べ入れる。水を深さ2cmまで加え、ふたをして火にかける。途中上下を返しながら7〜8分蒸す。

2 しんなりしたら器に盛り、混ぜ合わせたAをかけて青じそをのせる。

蒸す

蒸しブロッコリーのじゃこあえ

じゃこの塩気と
うまみを活かし
シンプル調味で
仕上げます

＼蒸す／

材料（2人分）

ブロッコリー……120g
ちりめんじゃこ……大さじ2
しょうゆ……小さじ1

作り方

ブロッコリーは小房に分けてフライパンに入れ、水50〜80㎖を加えてふたをし、火にかける。2〜3分蒸したら水気をきり、ちりめんじゃことしょうゆを加えてあえる。

蒸しブロッコリーとかぶのオイスターマヨがけ

材料（2人分）

ブロッコリー……100g
かぶ……1個
A オイスターソース、
　　マヨネーズ……各大さじ1
　レモン汁、砂糖
　　……各小さじ1/2

作り方

1 ブロッコリーは小房に分け、かぶはくし形切りにする。
2 フライパンに水を深さ1㎝まで入れて火にかけ、沸騰したら1を入れてふたをし、2〜3分蒸す。水けをきって器に盛り、混ぜ合わせたAをかける。

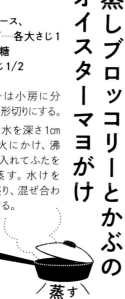

＼蒸す／

小松菜バターコーン炒め

シャキシャキとプチプチの食感が楽しい洋風おかず

\炒める/

材料（2人分）
小松菜……200g
バター……10g
コーン……大さじ3
顆粒コンソメスープの素……小さじ1
塩、こしょう……各適量

作り方
1 小松菜は3〜4cm長さに切る。
2 フライパンにバターを熱し、**1**とコーンを炒める。しんなりしたら顆粒コンソメスープの素を加えて混ぜ、塩、こしょうで味をととのえる。

小松菜と油揚げのさっと煮

材料（2人分）
小松菜……200g
油揚げ……1枚
めんつゆ（3倍濃縮）……大さじ2

作り方
1 小松菜はざく切り、油揚げは短冊切りにする。
2 フライパンにめんつゆ、水カップ1、**1**を入れてふたをして火にかける。小松菜がしんなりしてきたらふたを外し、さらに1分煮る。

/煮る\

丸ごと蒸しピーマン

ヘタも種も丸ごとどうぞ。切り目を入れて破裂を防いで

蒸す

材料（2人分）

ピーマン……4個
ごま油……小さじ2
削り節、しょうゆ……各適量

作り方

1 ピーマンは切り込みを入れる。

2 フライパンにごま油を熱して1を並べ入れ、ふたをしてときどき転がしながら蒸し焼きにする。

3 くったりとしたら器に盛り、削り節としょうゆをかける。

ピーマンのツナポン酢あえ

材料（2人分）

ピーマン……4個
ごま油……小さじ3
ツナ缶（オイル漬け）……1/2缶（40g）
ポン酢しょうゆ……大さじ2

作り方

1 ピーマンは細切りにする。

2 フライパンにごま油を熱して1をさっと炒め、缶汁を軽くきったツナとポン酢しょうゆを加えてあえる。

炒める

さやいんげんのカレー天ぷら

材料（2人分）
- さやいんげん……16本
- A 天ぷら粉、
  水……各大さじ5
  カレー粉……小さじ1
- 揚げ油……適量
- 塩……適量

作り方
1. さやいんげんは半分に切る。Aを混ぜ合わせて衣を作る。
2. フライパンに揚げ油を深さ1〜2cmまで入れて180℃に熱する。いんげんを衣にくぐらせて1分揚げ、器に盛って軽く塩をふる。

焼きいんげんのしょうがポン酢漬け

材料（2人分）
- さやいんげん……16本
- サラダ油……小さじ2
- A しょうがのすりおろし
  ……1片分
  ポン酢しょうゆ
  ……大さじ4〜5

作り方
1. さやいんげんは半分に切る。
2. フライパンにサラダ油を熱して1を焼く。うっすら焼き色がついたら、混ぜ合わせたAに漬ける。

 炒める

節約食材で
ごちそう感を。
みんな大好きな
洋風味に

もやしの ナポリタン風炒め

材料（2人分）
もやし……1袋（200g）
ピーマン……1個
ウインナーソーセージ
……3〜4本
バター……10g
トマトケチャップ……大さじ4
塩、こしょう……各適量

作り方
1 ピーマンは細切り、ソーセージは輪切りにする。

2 フライパンにバターを熱し、もやし、1を炒める。ケチャップを加えて水分を飛ばすように炒め、塩、こしょうで味をととのえる。

もやしとかにかまの チャンプルー

材料（2人分）
もやし……1袋（200g）
かに風味かまぼこ……50g
溶き卵……1個分
サラダ油……小さじ2
顆粒鶏ガラスープの素
……小さじ1
A しょうゆ……小さじ1
｜ 塩、こしょう……各少量

作り方
1 フライパンにサラダ油を熱し、もやし、さいたかに風味かまぼこを炒める。

2 顆粒鶏ガラスープの素を加えて混ぜ、端に寄せる。あいたところに溶き卵を流し入れて炒める。全体を混ぜ合わせ、Aで味をととのえる。

炒める

キムチで味がしっかり決まる。ささっと作れるお手軽副菜

きのこのキムチ炒め

材料（2人分）

えのきたけ……1パック（150g）
白菜キムチ……70g
サラダ油……小さじ2
しょうゆ……小さじ1
かいわれ大根……適量

作り方

フライパンにサラダ油を熱し、石づきを落としてほぐしたえのきたけと、キムチを2分ほど炒める。しょうゆを回しかけて器に盛り、かいわれ大根を添える。

／炒める＼

＼焼く／

エリンギの甘酢照り焼き

材料（2人分）

エリンギ……1パック（2〜3本）
片栗粉……適量
サラダ油……大さじ1〜2
A 酢、しょうゆ、みりん
　　……各大さじ1
　 砂糖……小さじ1/2
小ねぎの小口切り……適量

作り方

1 エリンギは石づきを落として縦に薄切りにする。片栗粉とともにポリ袋に入れて振り、まぶす。

2 フライパンにサラダ油を熱して**1**を両面1分ずつ焼く。**A**を加えてからめ、器に盛って小ねぎを散らす。

きのこのガーリックソテー

材料（2人分）

マッシュルーム……4個
しいたけ……2枚
しめじ……100g
オリーブ油……大さじ1
にんにくのみじん切り……1片分
しょうゆ……小さじ2
塩、こしょう……各適量

作り方

1 きのこ類は石づきを落とす。マッシュルームとしいたけは薄切りにし、しめじは小房に分ける。

2 フライパンにオリーブ油とにんにくを入れて弱火にかける。香りが立ったら中火にし、**1**を炒める。しょうゆを回し入れ、塩、こしょうで味をととのえる。

＼炒める／

玉ねぎのオイスター照り焼き

片栗粉の力で
たれがからむ。
削り節をのせて
風味よく

〈焼く〉

材料（2人分）

玉ねぎ……大1個
片栗粉……適量
サラダ油……適量
A オイスターソース、みりん、
　　酒……各小さじ2
削り節……適量

作り方

1 玉ねぎは1cm厚さの輪切りに
し、片栗粉をまぶす。

2 フライパンにサラダ油を熱して
1を両面焼く。Aを加えてから
め、器に盛って削り節をのせる。

玉ねぎの皮ごと蒸し焼き

材料（2人分）

玉ねぎ……2個
バター……20g
しょうゆ、粗びき黒こしょう
　　……各適量

作り方

1 玉ねぎは皮つきのまま横半分
に切り、切り口に十字に切り込
みを入れる。

2 フライパンに**1**を切り口を下に
して並べ、水カップ2を加えて
ふたをし、15〜20分蒸し焼き
にする。

3 汁気をきって器に盛り、バター
をのせてしょうゆをかけ、粗び
き黒こしょうをふる。

〈蒸す〉

\揚げる/

大根とごぼうのから揚げ

材料（2人分）

大根……200g
ごぼう……100g
A しょうゆ……大さじ1
｜ 顆粒コンソメスープの素
　　……小さじ1
｜ にんにくのすりおろし……1片分
片栗粉……適量
揚げ油……適量
塩……適量

作り方

1 大根は8mm〜1cm幅、5〜6cm長さのスティック状に、ごぼうは5〜6cm長さに切ってから縦半分に切る。

2 1にAをもみ込みしばらくおく。汁けをきって片栗粉をまぶす。

3 フライパンに揚げ油を深さ2cmまで入れて180℃に熱し、1、2を揚げる。器に盛り、軽く塩をふる。

/焼く\

大根ピザ

材料（2人分）

大根……5〜6cm
片栗粉……適量
ピーマン……1個
ベーコン……1〜2枚
サラダ油……大さじ1
トマトケチャップ……適量
ピザ用チーズ……50g
パセリのみじん切り……適量

作り方

1 大根は5mm厚さの輪切りにし、片栗粉をまぶす。ピーマンは輪切りにし、ベーコンは1.5cm幅に切る。

2 フライパンにサラダ油を熱して大根を敷き詰め、ふたをして弱火で蒸し焼きにする。火が通ったら、大きな円を1つ作るように大根同士を少しずつ重ねる。

3 表面にケチャップをぬり、ベーコン、ピーマン、チーズをのせてふたをし、チーズが溶けるまでさらに3〜4分蒸し焼きにする。器に盛り、パセリをふる。

column あえるだけ**副菜**

「2品献立にもう1品足したいな」というとき、あっという間に簡単に作れるものが
あるといいですよね。そこで、火を使わずあえるだけで作れる副菜をご紹介。

きゅうりのみょうがあえ

> 箸休めにぴったり。しょうゆベースにみょうがが香る

材料（2人分）

きゅうり……2本
塩……小さじ1/2
みょうが……1本
しょうゆ……小さじ1

作り方

1 きゅうりは麺棒でたたいて乱切りにし、塩でもむ。みょうがは細切りにする。

2 ボウルに**1**、しょうゆを入れてあえる。

にんじんの明太子あえ

> にんじんの甘みに明太マヨのコクと塩け、うまみがマッチ

材料（2人分）

にんじん……1本（180〜200g）
塩……小さじ1/4
グリンピース（冷凍）……大さじ3
明太子……1/2腹（30g）
マヨネーズ……大さじ1

作り方

1 にんじんはスライサーでせん切りにし、塩でもむ。明太子は薄皮をとり、ほぐす。

2 ボウルにすべての材料を入れてあえる。

アボカドのサーモンあえ

わさびをきかせた、食卓を盛り上げるボリューム副菜

材料（2人分）
アボカド……1個
サーモン（刺身用）……100〜120g
A しょうゆ……大さじ1
｜ 練りわさび……少量
刻みのり……適量

作り方
1 アボカドは角切りにする。
2 ボウルに1、サーモン、Aを入れてあえる。器に盛り、のりをのせる。

たたき長いものりあえ

包丁とまな板を使わず完成。少量加えるラー油が決め手

材料（2人分）
長いも……300g
めんつゆ（3倍濃縮）……大さじ1
ごま油……小さじ1
ラー油……2〜3ふり
焼きのり（ちぎる）……1枚分

作り方
1 長いもはよく洗ってからポリ袋に入れ、麺棒でたたく。
2 ボウルにすべての材料を入れてあえる。

セロリの塩昆布ナムル

セロリは葉も一緒に加えます。味つけは塩昆布におまかせ

材料（2人分）
セロリ……1本（100g）
塩……少量
塩昆布……8g
ごま油、白いりごま……各小さじ1

作り方
1 セロリは筋を除いて斜め薄切りにして塩でもむ。
2 ボウルにすべての材料を入れてあえる。

素材別料理さくいん

ほりえさちこ

料理研究家・栄養士。大学（食物栄養学専攻）卒業後、祐成陽子クッキングスクールのアシスタント、同校講師を務め独立。家庭で作りやすいレシピが人気で、雑誌、広告、ウェブメディア、テレビなどで活躍している。近著に『へとへとでも手を汚さずに今日のおかずがポリ袋でできちゃった！』(主婦の友社)『あと一品がすぐできる！ おいしい副菜』(池田書店)など著書多数。

フライパン1つで2品献立

2023年3月28日　第1刷発行

著者	ほりえさちこ
発行人	松井謙介
編集人	長崎 有
発行所	株式会社ワン・パブリッシング

〒110-0005
東京都台東区上野3-24-6

印刷所	共同印刷株式会社
編集長	広田美奈子
編集	横山由佳

● この本に関する各種お問い合わせ先

内容や広告等のお問い合わせは、下記サイトのお問い合わせフォームよりお願いします。
https://one-publishing.co.jp/contact/

不良品（落丁、乱丁）については業務センター
Tel 0570-092555
〒354-0045 埼玉県入間郡三芳町上富279-1

在庫・注文については書店専用受注センター
Tel 0570-000346

内容や広告等のお問い合わせは、下記サイトのお問い合わせフォームよりお願いします。
ワン・パブリッシングの書籍・雑誌についての新刊情報・詳細情報は、下記をご覧ください。
https://one-publishing.co.jp/

STAFF

AD	三木俊一
デザイン	宮脇菜緒（文京図案室）
編集	平井薫子
撮影	豊田朋子
料理スタイリング	阿部まゆこ
校正	草樹社